三國志

이희재 삼국지

10

영웅들, 별 끝에 지다

Humanist

작가의 말

《삼국지》에는 숱한 이야기의 물줄기가 흘러갑니다. 잔잔한 수면 위에 파동이 일기도 하고, 장대비가 내리치며 홍수가 이는가 하면, 거센 파도가 밀려와 평온한 마을을 덮치기도 합니다. 사람과 사람, 세력과 세력이 맞물리고 부딪치며 대륙을 질러가고, 산과 들을 굽이돌아 흐르며 천지를 뒤흔듭니다. 1800여 년 전, 고대 중국에서 구름처럼 일었던 인물들의 이야기입니다.

천지가 요동쳐도 흔들림이 없는 관우, 감정에 충실한 용맹의 사나이 장비, 인의의 뜻을 따르며 어질기 그지없는 유비, 이상을 품고 초막에 누워 있다 유비를 따라나선 풍운의 지략가 제갈공명, 사람을 버리고 얻는 데 실리를 좇으며 천하 제패에 다가서는 조조, 무도한 행동으로 배신의 대명사가 된 여포, 그 밖에도 손권·주유·원소·공손찬·조자룡·태사자·방통·황충·마초·강유·사마의 등등…. 실로 수백수천의 영웅호걸들이 활개를 칩니다. 어떤 이는 힘과 용기로, 또 어떤 이는 머리와 꾀로, 밀고 당기고 치고 빠지며 천하를 종횡합니다.

어렵고 긴 내용을 경쾌하게 만날 수 있다는 것이 만화의 장점입니다. 한 권에 수백 쪽이 넘는 활자책을 이백여 쪽의 시각 조형으로 구성하는 일은 제한된 지면의 절대 공간과 싸우는 일이었습니다. 《삼국지》를 만화로 만드는 과정은 원작의 큰 줄기를 살리고 곁가지들을 솎아 내는 일이기도 하였습니다. 나관중 원작에서 벗어난 부분을 살피고, 중국 민중들 사이에서 입으로 전해지는 에피소드를 일부 보탰습니다.

흔히 《삼국지》를 세상살이를 읽는 책이라고 합니다. 세상을 살아가며 사람 사이의 관계를 헤아리고 자신을 돌아보며 성찰을 이끌어 내는 내용이기 때문일 것입니다. 한 번쯤 읽어야 할 고전이며 한 번쯤 걸어야 할 길이라는 의미이기도 합니다. 《이희재 삼국지》는 아이와 부모가 함께 읽을 수 있는 책으로, 부모들이 먼저 읽고 자녀들에게 권하는 만화입니다. 《삼국지》의 무대 속으로 들어가 시간 여행을 하기 바랍니다.

2016년 7월
이희재

등장인물

제갈량
후주 유선에게 출사표를 올리고 북벌에 나서지만, 사마의라는 강력한 적수를 만나 신중한 싸움을 이어 나간다.

강유
원래 위의 장수였으나, 제갈량을 따르기로 하고 촉에 항복한다. 이후 위를 상대로 큰 활약을 펼친다.

마속
사마의가 한중의 급소나 마찬가지인 가정을 노리자, 공명의 총애를 받던 마속은 자신이 막겠다며 나선다.

관흥과 장포
위의 요청을 받은 서강병이 촉의 뒤를 치고 들어오자, 관흥과 장포가 앞장서서 서강병을 막기 위해 나선다.

맹달
관우의 죽음 이후, 촉을 탈출했던 맹달은 신탐과 신의 형제를 꾀어 위를 배신할 음모를 꾸민다.

조예
촉의 공격을 받은 조예는 조진을 보내 막으려 하지만 실패한다. 결국 사마의를 다시 조정으로 불러들인다.

조진
촉군의 기산 진출을 막기 위해 동분서주하지만 번번이 공명의 계략에 홀려 난처한 지경에 빠진다.

사마염
사마소의 큰아들. 위의 마지막 황제인 조환을 선양의 형식을 빌려 몰아내고 진(晉)을 세운다.

유선·유심
위가 성도로 쳐들어오자 막을 방도가 없다고 생각한 유선은 항복하려 한다. 유선의 아들 유심은 맹장 강유와 수만의 군사가 남아 있다며 끝까지 싸울 것을 주장한다.

사마의
조예가 죽은 후 어린 조방이 황제가 되자, 조상이 권력을 잡는다. 사마의는 조상의 경계를 피해 잠시 낙향했다가 두 아들 사마사·사마소와 함께 조상을 몰아내고 정권을 장악한다.

차례

작가의 말　4
등장인물　6

제1장	공명에게 날아든 또 한 마리 봉	11
제2장	촉의 기세는 중원을 흔들고	35
제3장	사마의가 돌아오다	55
제4장	울면서 마속을 베다	73
제5장	다시 출사표 올리고	91
제6장	또다시 기산으로	113
제7장	꾀와 꾀, 진법 대 진법	133

제8장	**일은 사람이 꾸미고, 이루는 것은 하늘**	153
제9장	**큰 별, 하늘로 돌아가다**	175
제10장	**나뉘었던 천하, 다시 하나로**	197

■ **연표** 211

■ 일러두기
- 이 책에서 말하는 《삼국지》는 진수가 쓴 정사 《삼국지》가 아니라 나관중이 지은 소설 《삼국지연의》를 뜻합니다.
- 《삼국지》에는 유비·조조처럼 성과 이름으로 부르는 경우와, 현덕(유비)·맹덕(조조)처럼 자로 부르는 경우가 뒤섞여 있습니다. 상대방을 이름으로 부르는 것은 자신보다 지위가 낮거나 어린 사람인 경우, 또는 싸움에서 상대를 무시할 때 등이고, 보통은 이름 대신 자를 부르는 것이 관례입니다. 이 책에서는 공명(제갈량)이나 자룡(조운)처럼 자가 널리 알려진 몇몇 인물만 자와 이름을 혼용해 썼고, 그 외 인물 대부분은 혼란을 줄이기 위해 성과 이름으로 표기했습니다.
- 지명은 〈외래어 표기법〉 대신 소설에서 널리 쓰인 관용 표기를 따랐습니다. 예를 들어 洛陽을 뤄양이라 하지 않고 낙양처럼 우리 한자음 읽기를 했습니다.
- 이 책에 실린 지도와 연표는 《삼국지》의 이해를 돕기 위한 것으로 실제 역사와는 차이가 있습니다.

제1장

三國志

공명에게 날아든 또 한 마리 봉

하후무는 남안성으로 들어가 성문을 닫아걸고 시간을 흘려보냈다.

저들이 성안에 숨어 버티니 싸움이 길어진다. 우리 목표가 이곳에 있지 않으니 시간을 끌 수 없다.

여기에 매여 있는 틈에 위군이 한중을 치면 우리가 위태로워진다.

하후무는 위의 부마로, 사로잡으면 적장 수백을 꿰는 것과 같은데 여기서 포기하시렵니까?

생각이 있으니 걱정 말라.

남안성 근처에 안정성과 천수성이 있다고 들었다.

두 성의 태수가 누구인가?

천수성 태수는 마준이고, 안정성 태수는 최량입니다.

그 둘을 이용해 하후무를 낚아 올려야겠다!

제2장

三國志
— 촉의 기세는 중원을 흔들고

위군과 촉군은 기산 아래서 마주 보고 진세를 벌였다.

과연 하후무 따위와는 하늘과 땅 차이구나.

그러나 조진도 내 상대는 못 된다. 계책을 써서 단숨에 몰아치겠다.

공명의 치밀한 계략 앞에 조진은 속수무책으로 휘둘렸다.

우욱, 촉군은 어디 있는 거냐?

같은 편이다. 물러서!

공명의 꾀에 걸려들었어!

"놈들이 저희끼리 치고받으며 허우적거린다. 밀어붙여라!"

"놈들의 진채를 묵사발로 만들어라!"

"조진을 조져 버리자!"

기산에서의 첫 싸움은 적의 허를 찌른 공명의 대승으로 끝났다. 위군은 뼈아픈 타격을 입었다.

"엄니, 나 디지네."

관흥과 장포의 보고를 받은 공명은 직접 군사를 이끌고 왔다.

저 쇠수레 때문에 서강병을 쳐부수기 힘듭니다.

저들의 진을 깨뜨릴 방도가 있느냐?

용맹만 믿고 날뛰는 놈들입니다. 어찌 승상의 묘책을 헤아리겠습니까?

강유, 내 마음을 읽고 있구나.

하하하, 이 눈이 나를 도와줄 것이다!

강유, 적진을 들이치되 철거병*이 나오거든 얼른 물러나 달아나라.

관흥과 장포는 적의 퇴로에 군사를 매복시키고 기다려라.

• **철거병**. 쇠수레를 타고 싸우는 병사.

키잉!

코아악!

함정이다!

수레가 멈추지 않는다!

망할 놈의 눈 때문에 함정이 있는 줄도 몰랐어!

으아아악!

제3장

三國志

— 사마의가 돌아오다

사마의는 대군을 몰아 신성으로 달렸다.

촉과 위의 명운을 가르는 싸움이 시작되었다.

제4장

三國志

— 울면서 마속을 베다

병법에 이르기를 '높은 곳을 차지하고 아래를 굽어보면 그 기세가 대나무를 쪼개는 것과 같다.'고 했다.

산 위에 진채를 세우면 물을 구할 수 없잖습니까?

만일 위군이 오면 산 위에서 쏟아져 내려가 단숨에 때려잡을 것이다.

쓸데없는 걱정이다. 그리되면 우리 병사들이 죽기 살기로 적과 맞설 것이 아니냐.

장군!

더 이상 여러 말 말고, 산 위로 올라가 진채를 세워라!

큰일이다. 공을 세우고 싶은 마음이 앞서 코앞을 못 보고 있으니….

마속은 왕평의 반대를 무릅쓰고 기어이 산 위에 진채를 벌이고 위군을 기다렸다.

마속은 대부분의 군사를 잃고 겨우 목숨만 구해 달아났다.

제4장 울면서 마속을 베다

공명은 자식처럼 아끼던 마속을 베고 목을 놓아 울었다.
이 일을 가리켜 읍참마속(泣斬馬謖)*이라고 한다.

• **읍참마속** 가정 전투에서 패한 마속을 제갈량이 울면서 베었다는 고사에서 생긴 말이다.

제5장

三國志

다시 출사표 올리고

일생 동안 패배를 모르던 상산의 맹장 조자룡….
슬기와 용맹, 관우·장비와 맞먹고, 위기 때마다 무용으로 주인을 구했던 사람.

용맹 외에 긴 세월, 충성과 절개, 티 한 점 없었다.
조자룡이 숨을 거두었다.

장군님, 불길이 치솟았습니다!

저 불이 바로 공격 신호다!

되돌아가서 놈들을 뿌리까지 흔들어 버리자!

와

공명의 졸개들아, 어딜 달아나느냐?

와

네놈들 식량은 잿더미로 변했을 것이다!

푸하하하! 내 말을 믿고 놀다니 어리석구나!

---!

제6장

三國志

또다시 기산으로

촉과 위가 다투고 있는 사이에 오의 손권은 스스로 황제가 되었다.

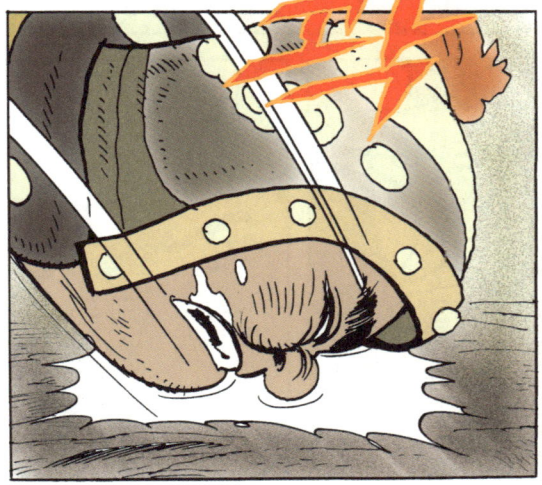

제6장 또다시 기산으로 127

사마의는 번번이 공명의 계략에
말려들어 패하기를 거듭했다.

이어진 대치마다 사마의는 싸우려 들지 않고 수비로 일을 삼았다.

제7장

三國志

꾀와 꾀, 진법 대 진법

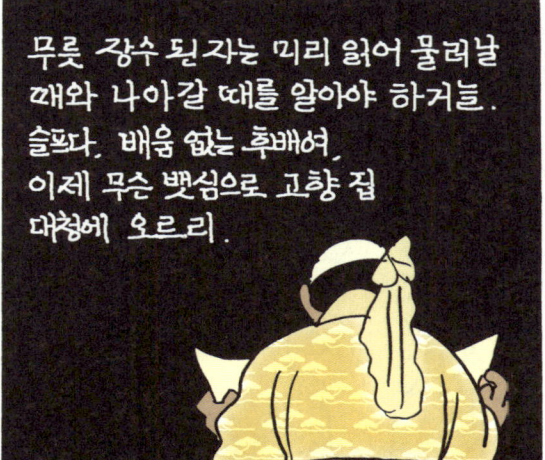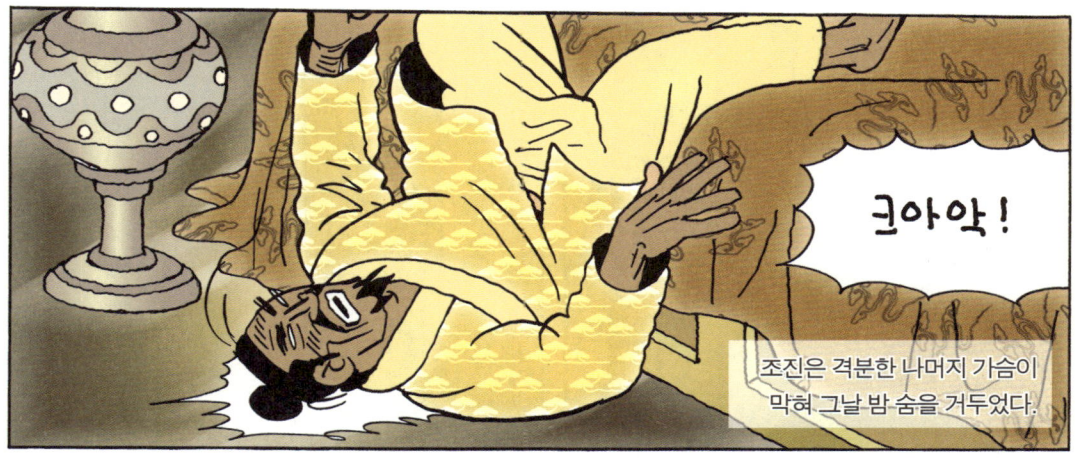

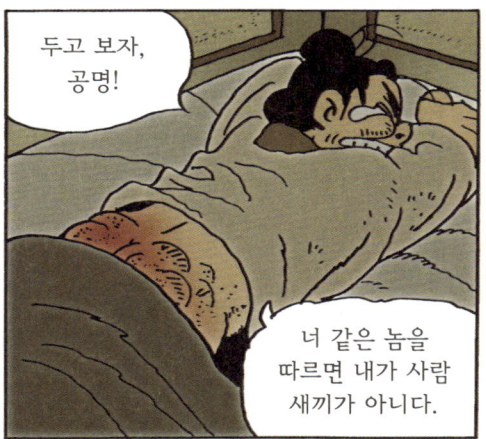

제8장

三國志

― 일은 사람이 꾸미고, 이루는 것은 하늘

제8장 일은 사람이 꾸미고, 이루는 것은 하늘

공명은 34만의 촉병을 이끌고
기산으로 밀고 나갔다.
여섯 번째 북벌행이었다.

제8장 일은 사람이 꾸미고, 이루는 것은 하늘 165

사마의가 호로곡 안으로 들어서자,
위연이 이끄는 촉군은 온데간데없이 사라졌다.

"갑자기 퍼붓는 소나기가 불을 잠재운 사이에 사마의 부자가 달아나 버렸습니다."

"다 잡은 사마의를 소나기가 살렸구나."

"일을 꾀하는 것은 사람이되, 이루는 것은 하늘의 뜻이로다…."

제9장

三國志

— 큰 별, 하늘로 돌아가다

제9장 큰 별, 하늘로 돌아가다

• **소열제** 유비의 시호.

제9장 큰 별, 하늘로 돌아가다

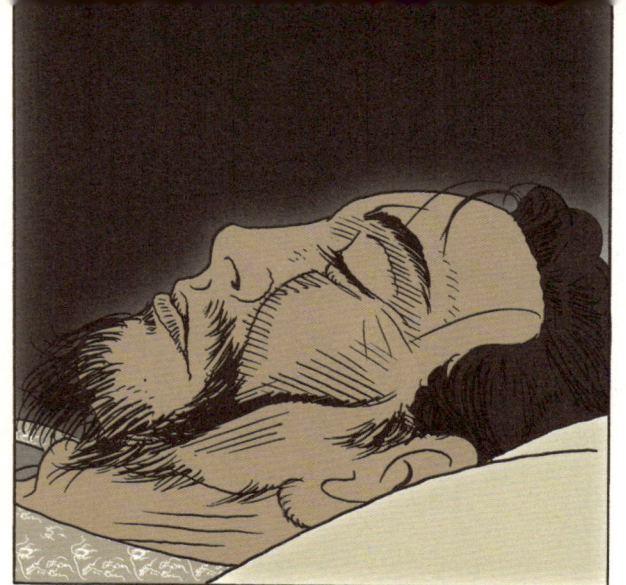

제10장

三國志
나뉘었던 천하, 다시 하나로

공명이 죽은 뒤
위·촉·오 세 나라는
한동안 싸움을 멈추었다.

위에서는 조예가 죽자, 어린 조방이 황제의 자리에 올랐다.

흐흐, 조방은 꼭두각시일 뿐, 실권은 내가 쥐고 있거덩.

조상

그로부터 10년 뒤, 사마의는 군사를 일으켜 조상을 몰아내고 정권을 장악했다. 사마의가 죽은 뒤에는 아들 사마사와 사마소가 권력을 이어받게 된다.

사마의

사마소

사마사

263년, 사마소는 대군을 일으켜 촉으로 치고 들어왔다.

이때, 위의 등애는 촉장 강유가 지키는 검각을 피해 음평을 거쳐 촉으로 들어갔다.

공명의 아들 제갈첨과 손자 제갈상이 면죽에서 맞서 싸웠으나, 끝내 위군의 기세를 당해 내지 못했다.

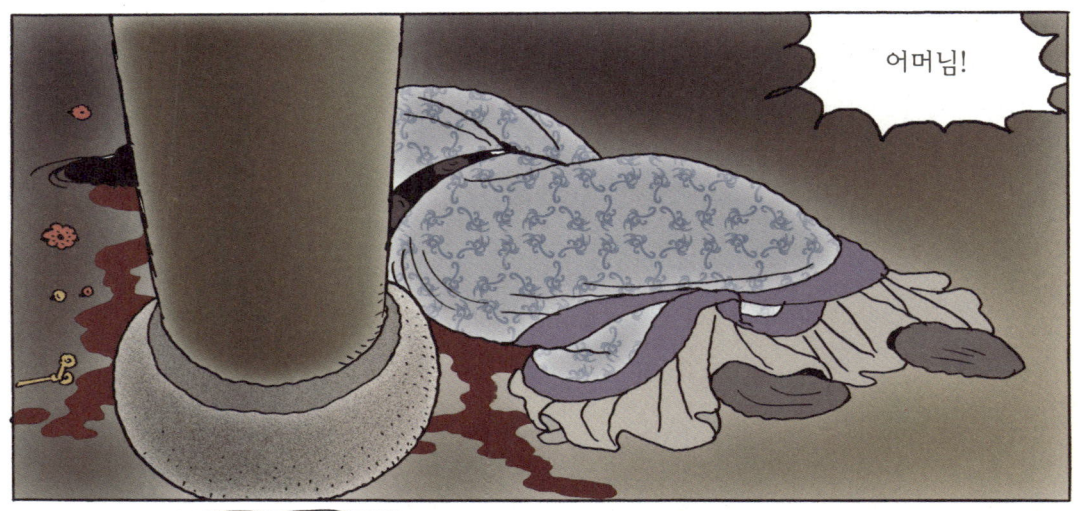

유심은 세 아들을 죽인 뒤, 유비의 사당으로 가 엎드려 울다 뒤따라 죽었다.

이튿날, 유선은 북문 밖으로 10리를 나가 위군에게 항복했다. 유비가 그토록 갈망하던 한실 부흥의 꿈은 끝내 사라졌다.

한편 오나라는 4대 황제 손호가 즉위하면서 손권 때의 기상은 찾아볼 수 없었다.

오냐, 좋다.

엎었다, 누웠다, 같이 놀자—

내가 오나라 황제로다. 어허, 놀자!

280년, 사마염이 오를 침공하자, 오는 맥없이 무너져 버렸다.

후한 말, 헝클어진 세상에 태어나
천하를 다투던 영웅들의 시대는
이렇게 막을 내렸다.

■ 제갈량의 북벌

북벌은 227년부터 234년까지 촉의 제갈량이 위를 상대로 벌였던 정벌전을 말한다. 제갈량이 밝힌 명분은 역적 위를 정벌하여 한을 계승한다는 것이었으나, 실제로는 형주 상실과 이릉 전투의 패배 등을 만회하기 위해 던진 승부수였던 측면이 있다.

하지만 촉의 국력은 위보다 열세였던 데다가, 신묘함으로 온갖 전투를 승리로 이끌던 제갈량조차 막강한 전략가인 사마의를 제대로 뚫지 못해 큰 성과 없이 끝이 났다. 더구나 나라의 기둥이었던 제갈량 자신의 죽음까지 겹치며 촉한에 그림자를 드리운 암울한 원정이었다.

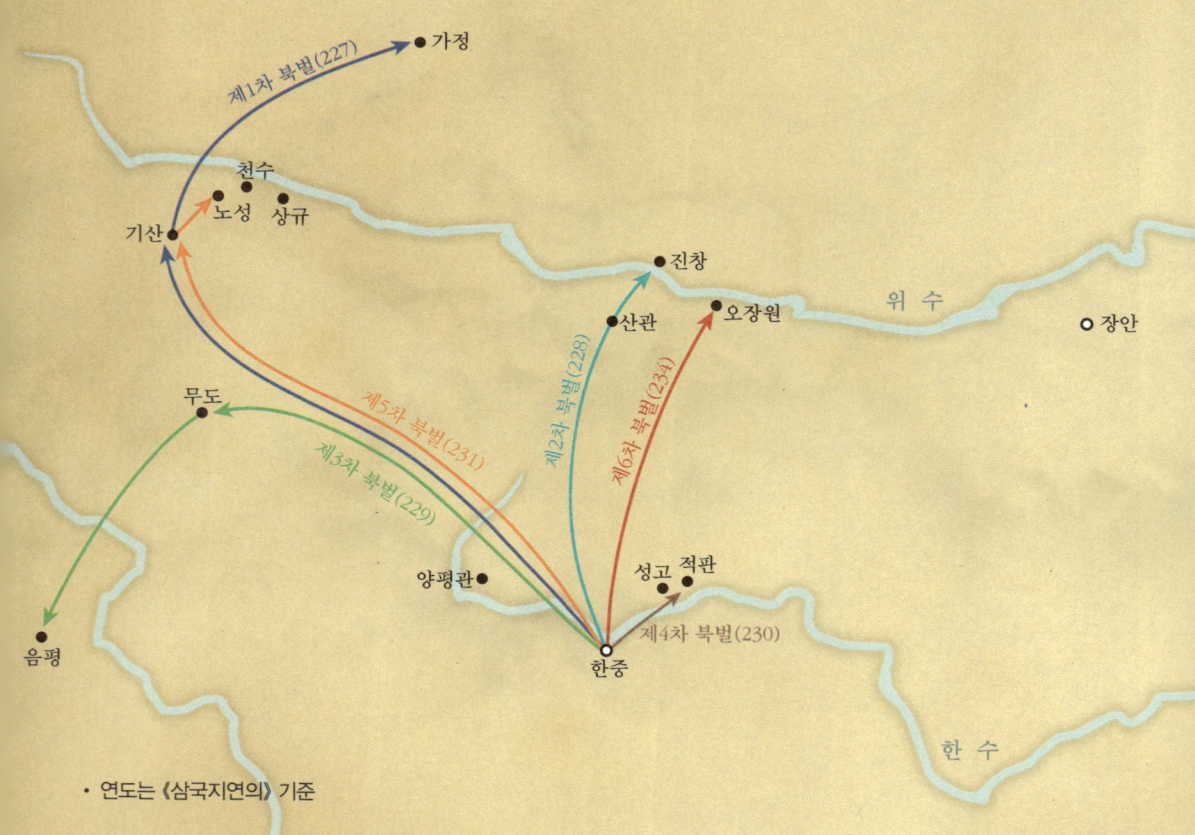

• 연도는 《삼국지연의》 기준

■ 연표

227 조진이 서강병을 끌어들이다.
위의 조예는 조진을 대도독으로 삼은 후, 촉을 향해 출병할 것을 명한다. 조진은 조준을 선봉으로 세워 진격하지만 촉군의 공격을 받고 패퇴하고 만다. 이후 전세를 역전시키기 위해 서강병을 끌어들이지만 역시 실패에 그친다.

조예가 사마의를 부르다.
위기를 느낀 조예는 사마의를 복직시켜 다시 조정으로 불러들인다.

228 공명, 울며 마속을 베다.
사마의는 한중을 누르기 위해 요충지인 가정을 향해 진격하기로 한다. 이에 마속이 자청해 가정으로 가지만, 산 위에 진을 쳤다가 위군의 화공에 당한다. 제갈량은 평소 마속을 아꼈으나 진을 잘못 쳐 패배를 자초한 마속을 베라고 명한다.

조자룡이 죽다.
조자룡이 죽었다는 소식을 들은 제갈량은 크게 슬퍼한다. 유선 또한 자신이 어렸을 때 자룡이 없었더라면 혼전 중에 죽었을 것이라며 애통해한다.

다시 출사표를 올리다.
제갈량은 다시 출사표를 올리며 두 번째 북벌에 나선다. 촉은 위연을 선봉으로 삼아 진창을 공격했으나 함락시키지 못한다. 한편 위의 조진은 진창을 구원하기 위해 출병하지만 수하 비요와 왕쌍을 잃은 데다가 병까지 얻어 낙양으로 돌아간다.

229 손권이 황제를 참칭하다.
촉과 위가 다투고 있는 사이 동오의 손권은 스스로 황제의 자리에 오른다.

세 번째로 기산을 향하다.
학소가 병으로 죽자, 공명은 진창을 차지한 뒤 산관을 뚫고 기산으로 진격한다. 조예의 명을 받은 사마의는 부하 장수들을 보내 무도와 음평을 구하도록 하는 한편 촉군의 뒤를 기습하지만 크게 패하고 만다. 이 싸움의 여파로 장포가 죽고 제갈량 또한 병을 얻어 촉군은 한중으로 철수한다.

230 위가 반격하다.
병상에서 일어난 조진은 사마의와 함께 한중으로 진격하지만 큰비에 발이 묶이고 자신 또한 병을 얻었다가 죽고 만다. 사마의는 제갈량과 진법 대결을 펼쳤다가 패한다. 제갈량이 중원으로 나서려는 때, 유선은 제갈량이 역의를 품고 있다는 거짓 소문에 홀려 제갈량을 불러들인다.

231 다섯 번째 북벌에 나서다.
제갈량은 기산을 거쳐 노성으로 진군하였으나, 사마의의 수성 전략에 막힌 데다가 동오가 위의 요청으로 출병한다는 거짓 소식에 회군하고 만다.

234 오장원에 별이 지다.
다섯 차례의 북벌에도 큰 성과를 거두지 못한 제갈량은 여섯 번째 북정에 나서 오장원에 주둔한다. 하지만 사마의는 진채에 틀어박힌 채 좀처럼 싸우려 들지 않는다. 이에 제갈량은 군량을 저장하는 척하며 계곡으로 사마의를 유인해 화공을 퍼부으나 때마침 내린 비로 인해 사마의를 죽이는 데 실패한다. 이후 격무에 시달리던 제갈량은 죽음에 이르고 만다.

239 조방이 황위에 오르다.
조예가 죽은 후 어린 조방이 황제의 자리에 오른다. 조진의 아들 조상은 실권을 잡지만 10년 뒤에 사마의 부자에게 권력을 내주고 만다.

263 촉이 망하다.
사마소는 등애와 종회로 하여금 촉을 정벌하게 한다. 유선은 변변한 저항을 하지 못한 채 항복하고 만다. 끝까지 항전할 것을 주장하던 유선의 아들 유심은 스스로 목숨을 끊는다.

265 사마염이 황제가 되다.
사마소의 아들 사마염이 위의 마지막 황제 조환을 몰아내고 황제가 되어 진(晉)을 세운다.

280 오나라가 망하다.
사마염이 오나라를 멸망시키면서 나뉘었던 천하가 다시 하나로 합쳐진다.

이희재 **삼국지 10** 영웅들, 별 끝에 지다

글 그림 | 이희재
원작 | 나관중
만화 어시스트 | 오현(구성), 유병윤 장모춘(데생), 고은미 지혜경(채색)

초판 1쇄 발행일 2017년 1월 20일

발행인 | 김학원
경영인 | 이상용
편집주간 | 김민기 위원석 황서현
기획 | 문성환 박상경 임은선 김보희 최윤영 조은화 전두현 최인영 이혜인 이보람 이효온
디자인 | 김태형 유주현 구현석 박인규 한예슬
마케팅 | 이한주 김창규 이정인 함근아
저자·독자 서비스 | 조다영 윤경희 이현주 (humanist@humanistbooks.com)
스캔·출력 | 이희수 com.
조판 | 프린웍스
용지 | 화인페이퍼
인쇄 | 삼조인쇄
제본 | 정성문화사

발행처 | (주)휴머니스트 출판그룹
출판등록 | 제313-2007-000007호(2007년 1월 5일)
주소 | (03991) 서울시 마포구 동교로23길 76(연남동)
전화 | 02-335-4262 팩스 | 02-334-3427
홈페이지 | www.humanistbooks.com

ⓒ 이희재, 2017

ISBN 978-89-5862-157-7 07910
ISBN 978-89-5862-158-4 (세트)

이 도서의 국립중앙도서관 출판예정도서목록(CIP)은 서지정보유통지원시스템 홈페이지(http://seoji.nl.go.kr)와 국가자료공동목록시스템(http://www.nl.go.kr/kolisnet)에서 이용하실 수 있습니다. (CIP제어번호: CIP2016026491)

만든 사람들

기획 | 위원석 (wws2001@humanistbooks.com)
편집 | 고홍준 이영란 이혜인
디자인 | 김태형 박인규
지도 | 임근선

• 이 책은 저작권법에 따라 보호받는 저작물이므로 무단전재와 무단복제를 금합니다. 이 책의 전부 또는 일부를 이용하려면 반드시 저자와 (주)휴머니스트 출판그룹의 동의를 받아야 합니다.